CB140714

COLEÇÃO FOLHA GRANDES DESIGNERS

TOM DIXON

Davide Fabio Colaci e Angela Rui

FOLHA DE S.PAULO

FOLHA DE S.PAULO

Coleção Folha Grandes Designers

© 2012, Empresa Folha da Manhã S.A.
Todos os direitos reservados.

Organização	Folha de S.Paulo | Diretoria Executiva de Circulação
Coordenação editorial	Editora Página Viva
Editor-chefe	Carlos Tranjan
Tradução	Marcos Maffei
Edição de texto	Christian Botelho Borges
Consultoria	Teresa Maria Riccetti e Carlos Eduardo Leite Perrone
Diagramação	Priscylla Cabral
Revisão	Paula B. P. Mendes e Pedro Ribeiro
Foto da capa	S-Chair, 1991, Cappellini; Foto: Cortesia de Cappellini, Meda

Edição Original
© 2011 24 ORE Cultura srl, Pero (Milão)
Todos os direitos reservados.

Organizador do projeto	Andrea Branzi
Projeto e consultoria editorial	Chiara Savino
Projeto gráfico de capa	Marco Pennisi & C.
Diretor responsável	Roberto Napoletano
Texto	Davide Fabio Colaci e Angela Rui
Texto de apresentação	Andrea Branzi

Nenhuma parte desta obra pode ser reproduzida, arquivada ou transmitida de nenhuma forma ou por nenhum meio, sem a permissão expressa e por escrito da Empresa Folha da Manhã S.A.

Impresso no Brasil por Prol Editora Gráfica

ISBN 978-85-63270-82-5
(Coleção **Folha** Grandes Designers)

ISBN 978-85-63270-94-8
(Tom Dixon - volume 12)

Folha de S.Paulo
Diretoria Executiva de Circulação
Alameda Barão de Limeira, 401
01202-900 - São Paulo - SP

DADOS INTERNACIONAIS PARA CATALOGAÇÃO NA PUBLICAÇÃO (CIP)

D621c

Colaci, Davide Fabio, 1978-.
Tom Dixon / Davide Fabio Colaci e Angela Rui ; [tradução: Marcos Maffei]. - 1. ed. - São Paulo : Folha de S.Paulo, 2012.

120 p. : il. color. ; 25,1 cm. - (Coleção Folha Grandes Designers ; v. 12)

Bibliografia: p. 119.

ISBN 978-85-63270-82-5 (coleção completa). -
ISBN 978-85-63270-94-8 (volume 12).

1. Dixon, Tom, 1959-. 2. Designers - Inglaterra - Biografia.
3. Decoração de interiores. I. Rui, Angela, 1980-. II. Título. III. Série.

CDD - 927.47

Ficha catalográfica elaborada pela bibliotecária Lioara Mandoju CRB-7 5331

SUMÁRIO

4 | Tom Dixon
Andrea Branzi

28 | One Man B(r)and

44 | Catálogo dos objetos

46 | Os objetos

92 | Projetar o imediato

104 | Queria me tornar um pop star

118 | Bibliografia e créditos

Tom Dixon

Andrea Branzi

Compreender o mundo de Tom Dixon, seu modo de projetar e produzir, é uma tarefa interessante porque, diferentemente de muitos de seus contemporâneos, nada é deixado ao "acaso" e tudo constitui um "caso".

Em diversos aspectos, Tom Dixon representa o melhor da Inglaterra do início do século 21; a Londres do pós-Beatles; a política posterior ao mandato do ex-primeiro-ministro Tony Blair; os megaprojetos mundiais dos arquitetos Richard Rogers (1933-) e Norman Foster (1935-); a eterna Grã-Bretanha dos *dandies* e anarquistas. Mas também a antiga vocação inglesa para o pragmatismo e o fenômeno (absolutamente invejável) da criatividade jovem e da economia nacional da música...

Comecemos pelo pragmatismo, que talvez explique todo o resto. Muitos amigos ingleses (como o arquiteto Peter Cook, 1936-) sustentam que ele significa *ausência de filosofia*. Na realidade, conforme o filósofo e pedagogo inglês John Dewey e o filósofo norte-americano Richard Rorty, o *pragmatismo* consiste em uma *filosofia* muito precisa, segundo a qual as ideias estão a serviço da vida real, de modo que a validade de um pensamento não reside em sua verdade intrínseca, mas antes em sua força operativa. Trata-se, pois, de uma verdadeira filosofia, talvez mais empírica, mais pragmática do que as outras, certamente muito adequada a um povo marinheiro e ex-colonialista, desconfiado em relação às sobrecargas ideológicas (a bordo não há lugar) e a verdades abstratas não realmente verificáveis.

Mirror Balls Stand,
Tom Dixon Shop, 2003

p. 8-9
Showroom de Tom Dixon em Portobello Dock, Londres

Tom Dixon, em seus belíssimos livros *Rethink* (2000) e sobretudo *The Interior World of Tom Dixon* (2008), deixa entender, sem jamais escrever com todas as letras, que "o mundo já existe e que se trata de usá-lo da melhor maneira possível, também para mudá-lo". Seus livros são de fato uma longa e genial investigação sobre as tecnologias, os produtos, os materiais, os mecanismos existentes, que poderiam ser usados para aplicações diferentes, mais inteligentes, mais amplas.

O termo "interior world" pode ser entendido então seja como espaço interno, seja como espaço *interior* de um projetista muito refinado como este, que se propõe a aliviar o mundo de superestruturas inúteis e do desperdício de energias mentais. São livros que não promovem simplesmente os projetos de Tom Dixon, mas ilustram sua inteligência e propensão a explorar, indagar, investigar as potencialidades do mundo real para realizar a partir dele outro diferente, talvez mais real (trata-se de um esporte amado pelos ingleses, como evidencia o manual *Collapsibles* de Per Mollerup, Londres, 2001, dedicado a todos os objetos empilháveis, dobráveis e componíveis existentes no mundo).

Também Tom Dixon, como muitos outros designers europeus, começou sua carreira trabalhando na Itália, sobretudo com Giulio Cappellini (desde sempre um grande descobridor de talentos), porque encontrou no país a tradição consolidada das pequenas e médias indústrias dispostas a agir como interlocutoras das lógicas criativas. Em 2002, porém, como verdadeiro pragmatista, Tom Dixon fundou uma *self-brand* [marca própria], quase como a demonstrar que seus projetos eram úteis para os outros, mas antes de tudo para ele mesmo. Outros designers seguiram esse caminho, como Giorgetto Giugiaro, Michele De Lucchi *(vol. 16 desta Coleção)* ou os holandeses da marca Droog Design, passando de simples *projetistas* a *empresários* de si mesmos. Trata-se de um fenômeno típico da nova economia globalizada, na qual não é importante possuir uma *fábrica*, mas sobretudo ter as *ideias*, os projetos e as estratégias *industriais*. A distância que anteriormente existia entre cultura empresarial e cultura do projeto se reduziu: para enfrentar a concorrência mundial, um empresário precisa gerir a inovação contínua de sua própria oferta e de sua própria imagem, e o designer é quem fornece esse tipo de energia inovadora. Os dois destinos assim estão se estreitando numa aliança histórica.

Como verdadeiro pragmatista, porém, Tom Dixon não se deixou encurralar no papel único de explorador das tecnologias existentes (em 2007 fundou o Design Research Studio) ou de empresário de si mesmo, mas participou da onda criativa que, partindo de Londres, invadiu o mundo através da música.

O designer, que tocava baixo na banda Funkapolitan (e que parece fisicamente com Tom Waits), realizou objetos afetuosos e harmônicos como um *riff* de seu baixo. São objetos que parecem ter nascido daquela misteriosa e antiga capacidade dos soldados ingleses de fascinar o mundo com seus cantos de guerra. Diferentemente do design italiano, que procede sempre de uma ideia e busca os materiais para realizá-la, parece que Tom Dixon parte, ao contrário, dos instrumentos, dos materiais, das técnicas à disposição, e a partir deles cria objetos entre si muito diferentes, mas dotados de uma irônica capacidade de desafiar o impensável, o imprevisto, encontrando sempre acordes deliciosos.

“Alguns dias trabalho como designer, mas o que me interessa realmente é a invenção, a engenharia e a comercialização, mais do que o processo de projetar. Acho que os projetistas reais deveriam interessar-se por toda a cadeia. De modo que sou designer muito ocasionalmente. Tendo a permancer nas margens e às vezes faço nascer um produto que foi projetado principalmente através de um interesse pelos materiais e pelas tecnologias.”

Peg Chair, Tom Dixon
Shop, 2010

Capa do livro publicado
por Tom Dixon em 2011

p. 14-15
Luminárias da série Pressed
Glass, Tom Dixon Shop, 2008

p. 16-17
Exposição das peças que
irão compor a série Fluoro
Offcut, 2009

p. 18-19
Bulb Chandelier Wide,
Tom Dixon Shop, 2011

EXT
REM
ISM

Tom
Dixon

Fan Chair Indigo,
Tom Dixon Shop, 2011

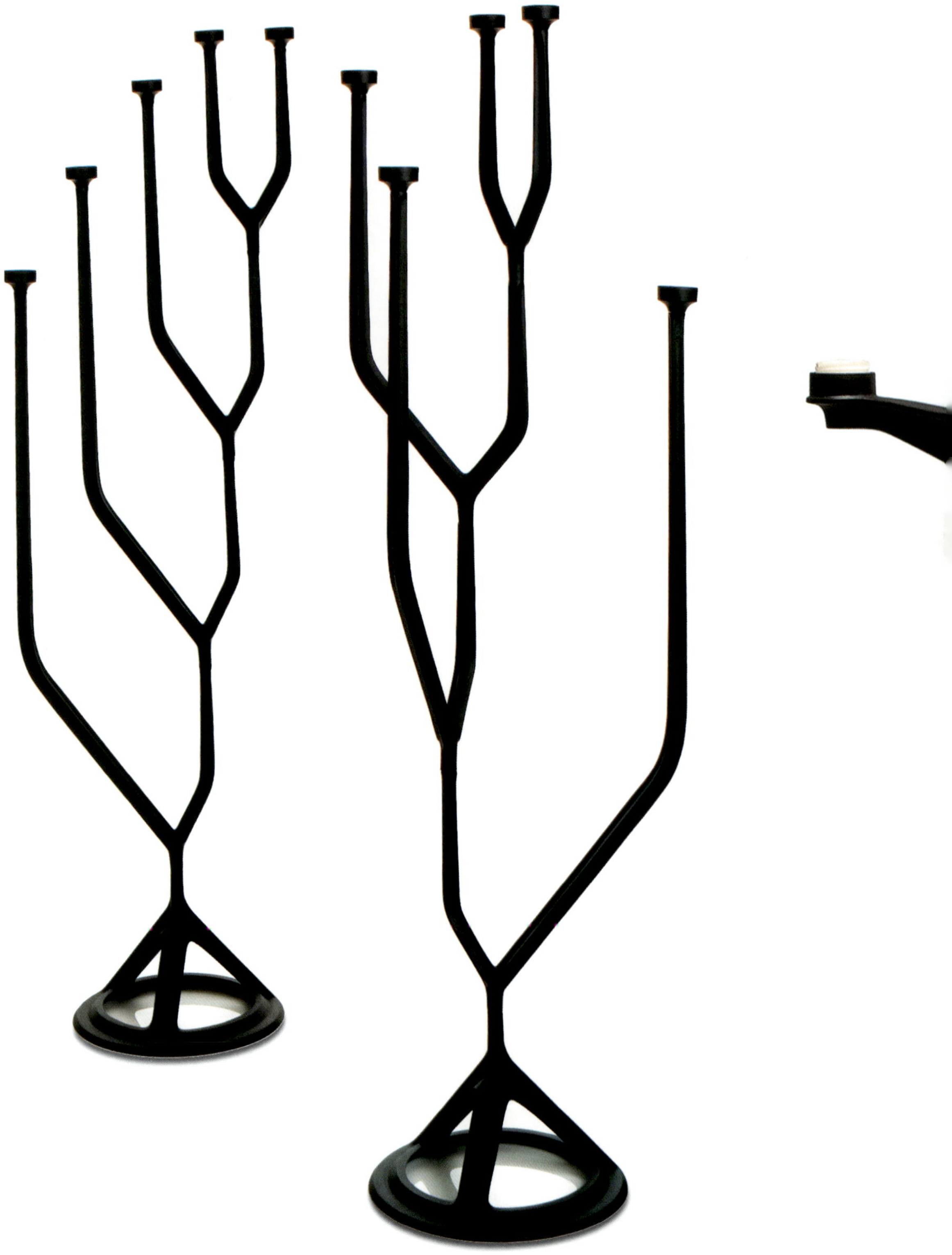

Em sentido horário, candelabros (Tom Dixon Shop): Spin Floor (2007), Crown (2009) e Spin Table (2006)

p. 24-25
Jack Black e Jack Light White, Tom Dixon Shop, 2010

p. 26-27
Instalação *Great Light Giveaway* na Trafalgar Square, Londres, 2007

GALLERY
THE NAT
GALLER

ONE MAN B(R)AND

Os instrumentos de Tom Dixon

Angela Rui

Entrar no mundo de Tom Dixon significa abraçar a energia vital de uma Londres dos anos 1980, onde o frescor jovem reagia de maneira criativa à pesada recessão que entorpecia as forças produtivas do país, enquanto via crescer desmedidamente as greves, desempregos e falências. De fato, em 1979 a Grã-Bretanha saía daquele que passou para a história, parafraseando Shakespeare, como o inverno do descontentamento. A inflação se estabilizara em dois dígitos, o país estava em plena depressão e sobrevivia à ruína financeira, a anos-luz de distância daquele glamour, rico e feliz, da década de 1960. "London's Burning", cantava o The Clash, banda punk dos anos 1980: montanhas de lixo se empilhavam pelas ruas de Londres por causa da greve dos lixeiros, a eletricidade estava racionada, a semana de trabalho era de três dias.

Como sempre ocorre em tempos de crise, aqueles anos construíram a fortuna cultural da Londres que hoje conhecemos, permeando todo o talento desenvolto e espontâneo dos que então tinham 20 anos e renovavam a música, a moda, a arte, o design e depois a arquitetura, pondo-se eles mesmos na linha de frente com a grande coragem de quem não tem nada a perder. Tom Dixon é aquele jovem um pouco indolente que diz trabalhar com projeto gráfico e sobrevive como colorista de desenhos animados. Nascido em Sfax, na Tunísia, de pai inglês e mãe leto-francesa, cresce em Londres, que atravessa sozinho montado em sua inseparável motocicleta.

Mas aos 20 anos, forçado a alguns meses de calmaria e isolamento por causa de um grave acidente, compreende definitivamente que a recente inscrição no College of Art & Design de Chelsea não é o que lhe interessa. Tom Dixon preferia o caos que tomava a metrópole anglo-saxã; é ali que se sente toda a energia de uma mudança ocorrendo com um sabor pós-moderno. Toca com os Funkapolitan e as linhas do seu baixo sincronizadas com o *brit funk* premente e repetitivo, os *riffs* cortantes e sincopados construídos sobre breves, repetitivas, doces melodias, são o acompanhamento "enquanto o tempo passa", como diz o título do grande sucesso da banda, "As the Time Goes by". Os ritmos e a vitalidade da cena musical londrina no começo da década de 1980 são autênticos, livres de inibições e sofisticações.

Com toda a atitude de um astro de rock, Tom Dixon vive na noite, trabalha alguns anos como relações-públicas para as melhores casas noturnas e organiza enormes festas em velhos armazéns industriais abandonados, onde tudo é permitido.

Um pouco por tédio, um pouco por necessidade, mas sobretudo por paixão, aprende de maneira autodidata a soldar o ferro, no tempo livre das horas diurnas. Experiência decisiva, dado que ainda hoje recorda: "Dei-me conta de que, com uma pequena quantidade de conhecimento sobre o fogo e alguns metais, poderia fazer quase qualquer coisa que tivesse sonhado". Trata-se da mesma síndrome que atinge, nos mesmos anos, na mesma Londres e com os mesmos materiais metálicos o seu contemporâneo (mas em tudo diferente) Ron Arad *(vol. 10 desta Coleção)*...

Esse tipo de atividade desviará de modo definitivo o ingresso de Tom Dixon no mundo do design. Ele se afasta por algum tempo das noites londrinas, todavia nunca abandona seu ritmo. O *riff* do baixo, por brevidade e tensão, converte-se no amor por um material vibrante de laboração "instantânea" como o ferro, que se forja a quente, e com o qual é possível construir novos objetos "improvisando" ou retornar à matéria quando o resultado não convence. Há repetição no gesto, fugacidade na execução, recuperação no material, mas há em particular a descoberta de um mundo onde é possível realizar *coisas* sem precisar antes desenhá-las. Fascinado pelo fato de poder velozmente construir objetos "que ficavam de pé sozinhos" (daí o fascínio da criação), o jovem Dixon se dedica às suas "composições metálicas" com envolvimento crescente, extasiado pela feliz contraprova de ter descoberto um meio intrinsecamente flexível e tolerante, adequado à sua natureza

London Calling, grafite do artista Banksy sobre um muro de Londres, inspirado na capa do álbum do The Clash, 2010

A banda de rock Funkapolitan, com Tom Dixon ao centro na primeira fila, 1982

impaciente e caótica. Tom Dixon não trabalha pacientemente a madeira, não produz cerâmicas que precisam de sucessivas demãos e longas queimas. "Nem em sonhos", diz.

Eis a questão: fazer coisas, não a coisa. Mais fascinado com o material performativo do que com a urgência de um discurso sobre a cultura do design, a obra de Tom Dixon pode ser resumida na pesquisa de um acorde dentro do qual a matéria soa, e do qual ele resulta o único executor. Uma cavalgada "rude", como ele afirmaria, ou "bárbara", como escreveria o escritor e diretor italiano Alessando Baricco (1958-), que sem grandes teorias pesquisa na objetualidade uma linguagem áspera, porque despoja-

da, extraída de termos mínimos e da máxima velocidade na execução. Mas ao mesmo tempo as matérias utilizadas por Tom Dixon, que na maioria dos objetos se explicitam como componentes solistas, tornam-se narrativas.

Como confirmam os produtos mais recentes, essas matérias do designer são fruto da ênfase no processo produtivo no próprio material: o vidro é sempre um meio pleno dentro do qual se afogam luminárias, os plásticos são tecidos à mão diretamente do filamento ainda quente, folhas finas de laminado são prensadas e forjadas "a vácuo".

Em suma, mesmo quando colabora com as altas tecnologias produtivas atualmente, Dixon não abandona aquele prazer maníaco que caracteriza o experimento e nasce da improvisação, na qual as metodologias de produção entram no sistema como uma dimensão técnica totalmente interior ao processo criativo, que não desenvolve os resultados estéticos através de um confronto ou de uma mediação, mas os engloba diretamente na expressão projetual. Não se pode esquecer, todavia, que o começo da década de 1980 em Londres é também o momento de origem daquela que hoje chamamos de New British Sculpture, consagrada em 1981 com a exposição *Objects and Sculpture* no Institute of Contemporary Art (ICA) de Londres.

A Nova Escultura Britânica se exprimia através de materiais industriais, de refugo. Representava o aparecimento de um novo clima dessacralizante, de uma energia renovada perceptível na Grã-Bretanha, que trabalhava na busca de uma nova tomada de consciência e relação com o mundo real. Cultura urbana, obsolescência, proliferação do consumismo, mas também sedução, erotismo da superfície/pele. Tony Cragg, Grenville Davey, Richard Deacon, Anish Kapoor, Anthony Gormley são artistas que fizeram da matéria (áspera) e do processo de manipulação os fundamentos do próprio trabalho. Permanecendo, todos, personalidades muito definidas e distintas, fazem desse retorno ao contato dramático e narrativo com o material o vértice sobre o qual o debate artístico é dado a reviver. Escolas como a St. Martin School of Art e o Royal College of Art de Londres, hoje consideradas as melhores instituições para se aprender a "fazer" arte, desde sempre colaboraram para isso com a inclinação pragmática de seus estatutos. Visto como ambiente formativo, não surpreende o fato de que muitos desses escultores continuem a seguir essa linha de trabalho, a empregar técnicas que não requerem um alto grau de especialização e materiais manejáveis, familiares e geralmente pouco caros.

Nessa direção se movem também projetistas como Tom Dixon, Nigel Coates e o já citado Ron Arad, que no mesmo ano aparece como um dos fundadores do One Off, oficina e showroom no mesmo ambiente, laboratório experimental para o design que expõe obras dos projetistas da vanguarda londrina. Tom Dixon é essencialmente um *self-made man*: depois da primeira série de móveis soldados que entram na coleção da mostra coletiva londrina *Creative Salvage*, é contatado em 1985 pelo conhecido caçador de talentos Giulio Cappellini, que o procura no escritório-laboratório e imediatamente o apoia na realização e na produção de objetos que o lançarão como *enfant prodige* ["garoto-prodígio"] do design internacional. Mas embora a experiência italiana lhe dê imediatamente grande visibilidade, o jovem Tom Dixon decide continuar o trabalho solitário com saudável inconsciência e grande otimismo. Projetista de elevada intuição comercial, interessa-se não só pelo desenho das próprias peças, mas em particular pelo aperfeiçoamento de um sistema produtivo e de venda que lhe permita não ceder aos compromissos. O nome ele agora já tem, faltam apenas os ganhos. Em 1989 funda Space, que inicialmente é o escritório destinado à produção em série de móveis de metal e ao projeto de cenografias e interiores comerciais. Só alguns anos mais tarde o laboratório se articula abrindo a Space Shop, dedicada à venda de produtos próprios e de outros poucos projetistas. Situa-se na All Saints Road, em Notting Hill, então o bairro cosmopolita e *understatement* [emblemático] de Londres.

Em suma, a sorte de Tom Dixon é o resultado de

uma fórmula alquímica obtida graças a diversas coincidências, sendo a crise britânica a ocasião para partir do zero, sem heranças, no interior da dimensão artística do design londrino que se formava nas academias de arte. Nelas - mais que marketing e tecnologia - se ensinava o individualismo como fator necessário de expressão, para dar fôlego a projetistas que atuavam num território em que era - e é - muito significativa a falta de uma rede empresarial que ofereça interlocutores adequados, ao contrário do que ocorre na Itália. Daqui para a frente, a trajetória de Tom Dixon, sempre ascendente, é acelerada também pela passagem como diretor artístico de importantes empresas internacionais. E o fundo musical continua sendo aquele de um longo, infinito, enigmático *riff* de baixo que reverbera nas matérias assinadas por Tom Dixon.

Tom Dixon. Ponto.
Davide Fabio Colaci

Tom Dixon. Cada vez que se pronuncia esse nome se cai numa armadilha ambígua, na qual é necessário imediatamente especificar se a referência é à empresa homônima, que sublinha sua soberba individualidade colocando um ponto bem nítido em seguida ao sobrenome, ou se é ao designer mesmo (aquele sem ponto), personagem *à la page* [moderno] de clara fama internacional. Essa natureza ambivalente, entre *brand* e indivíduo, entre mercado e personalidade, restitui a Tom Dixon o justo valor de explorador realista, e talvez um pouco cínico, da cultura do projeto contemporâneo.

Traçar seu retrato significa refletir sobre o papel do designer hoje e sua necessidade de forjar um universo reconhecível através de um ponto de vista pessoal do mundo, superando a distinção entre projetista e empreendedor. Tal condição, que nele parece liberar uma forte energia criativa, é a única que sobrevive no complexo mercado globalizado em que demandas e consumos não atingem jamais um equilíbrio definitivo.

Assim, o perfil profissional de Tom Dixon pode ser interpretado como uma das expressões mais completas do designer global, não só pela qualidade projetual de suas cadeiras ou luminárias, mas pela capacidade de interpretar a si mesmo com os valores e comportamentos que sua empresa veicula atravessando o mercado. Não se trata apenas de exprimir uma poética própria através de uma estética aderindo ao gosto da sociedade, mas há uma necessidade, que para Tom Dixon parece estar inscrita em seu DNA, de englobar estratégia, comunicação e promoção como elementos pertencentes ao projeto.

Esse "provável baronete" do design inglês não se caracteriza por uma linguagem linear e contínua. A investigação sobre a capacidade expressiva da matéria o leva a construir um universo feito de fragmentos, pedaços, todos diferentes entre si, porém ligados por uma alma *brit*. Com uma espécie de deleitoso desinteresse e um sarcasmo à maneira do dramaturgo e poeta conterrâneo Harold Pinter, Tom Dixon parece desmascarar os lugares-comuns cotidianos de uma Inglaterra tão longe e tão perto do design contemporâneo. Intérprete único de seu próprio destino, ele mesmo produz quase tudo o que cria: dos objetos às publicações (que escreve sempre de próprio punho), das campanhas publicitárias às lojas.

Tudo começou em 1994 com a fundação da Eurolounge, empresa dedicada à realização de elementos de plástico. Fundada depois de uma longa e fracassada busca de um interlocutor adequado na indústria, ela dará "à luz" Jack, cadeira informal que se tornou ícone do seu trabalho. A direção artística de uma empresa importante e famosa como a sueca Artek, vinculada historicamente à figura de Alvar Aalto *(vol. 9 desta Coleção)*, e a subsequente associação com a cadeia de distribuição francesa Habitat levaram Tom Dixon a interiorizar aquela capacidade de gestão empresarial de sua própria personalidade criativa. Mas fazer da atitude "rock and roll" uma necessidade pessoal, quase biológica, impele a figura de Tom Dixon a

Tom
ixon.

Showroom de Tom Dixon
em Portobello Dock,
Londres

Jack Black e Jack Light
White, Tom Dixon Shop, 2010

p. 36
Restaurante da Royal
Academy, Londres, 2011

p. 37
O canto dos brinquedos no
showroom em Portobello
Dock, Londres

p. 38-39
Exteriores do showroom de
Tom Dixon em Portobello
Dock, Londres

elaborar de um modo exclusivo a modernidade e o projeto. Reconhece-se nele a atitude de quem surfa com ironia aquela onda prolongada de mudança que, na Inglaterra da então primeira-ministra Margaret Thatcher, não cessou de atualizar e regenerar autonomamente o meio cultural de um país em transição.

Da mesma forma como ocorre com a moda e a música, que obtêm na cultura da rua os estímulos mais interessantes para sua própria renovação, também para Tom Dixon o mundo se torna a verdadeira referência, uma espécie de papel de tornassol pronto para evidenciar e interpretar cidades, manufaturados, objetos, processos, texturas, materiais, máquinas, homens, animais, comportamentos. Segundo o que ele chega a contar na publicação *The Interior World of Tom Dixon*, algumas posições conceituais nos confrontos com a cultura do projeto abandonam temas e significados culturais muito complexos para atraírem a atenção de uma sociedade muito mais sensível à mudança, às modas e à estética contemporânea. Não há um declarado componente crítico em seu trabalho, mesmo se a sua mais importante escolha é representada precisamente pela fundação da marca homônima "Tom Dixon.". Embora esteja em ampla ascensão o fenômeno de divulgar os próprios produtos pela promoção pessoal e vice-versa, sem deixar de trabalhar para outras empresas ou produções, parece que para Dixon isso não passou de uma evolu-

ção natural daquela competência de "homem das relações públicas" que o tornara popular na *London by night* da década de 1980.

A firma Tom Dixon Ltd nasce em 2002 com o objetivo de redefinir o cenário do design britânico através da fabricação de produtos de iluminação e mobiliário que tiveram imediato sucesso comercial e que hoje são vendidos em mais de 60 países. O designer consegue incorporar de imediato as potencialidades das consolidadas tecnologias informáticas e o papel determinante que a comunicação e os novos meios podem desempenhar no lançamento de uma marca, elaborando uma estratégia comercial que é uma verdadeira máquina irreprimível. Não perde um único salão ou evento em sua homenagem, a presença de sua empresa superando seu comparecimento físico. Habitualmente indolente nas entrevistas e evasivo nas aparições mundanas, apresenta-se como um verdadeiro astro de rock, elegantemente *casual*, entediado com o peso de sua fama de personagem público. Suas viagens ocorrem como turnês musicais itinerantes, com frequência com sua moto a reboque. Nunca se exclui a possibilidade de produzir alguma coisa, e procura-se revestir de um caráter participativo o aspecto festivo dos grandes encontros das feiras, para que, além de satisfazer a curiosidade, as pessoas possam criar e adquirir produtos. Assim foi com a Flash Factory, apresentada durante o Salone del Mobile 2010. Nessa "fábrica", os visitantes podiam até cons-

Entrance
Tom
Dixon.

METAMORPHOS

Felt Shade,
Tom Dixon
Shop, 2006

Fluoro Floor Light,
Tom Dixon Shop,
2008

p. 42-43
Instalação *The Bombay Sapphire Stretch* na Trafalgar Square em Londres, 2005

truir e montar o próprio produto com a ajuda de *factory workers*, aprendizes de Tom em ascéticos uniformes de trabalho. Em 2010, o designer abre as portas de seu primeiro negócio monomarca em Portobello Dock. Convertendo um antigo depósito de mercadorias vitoriano em um ambiente a meio caminho entre a *concept store* e o showroom, abriga a linha inteira de luminárias e objetos de produção própria e decide com o tempo acolher trabalhos de outros selecionadíssimos designers internacionais, como o holandês Piet Hein Eek.

No interior da empresa toma forma o *Design Research Studio*, divisão profissional capitaneada por Tom Dixon e formada por jovens talentos do projeto de interiores, cuja sinergia entre o produto de mobiliário e a constituição de uma espacialidade com a assinatura "Tom Dixon." produz interiores como verdadeiras instalações da marca. Moléculas que se inserem nas margens mais desenvolvidas do design de interiores mediante a reiteração do produto, reconfigurando pedaços da cidade a partir "do interior". Especializados em lounge, bistrô, *concept store*, *social club*, bar, restaurantes da classe alta, reconhecem-se todos os lugares de uma sociedade contemporânea voltada para a busca de um estilo de vida próprio, metáfora da decadência de uma Londres contemporânea toda centrada na busca de modelos, uns diferentes dos outros e sempre em perene renovação. São ambientes com frequência rebuscados, da moda, adaptados a uma temporada e, como no mundo fashion, prontos para serem repensados para uma nova coleção. A quantidade de móveis comercializados, mais de 80 em menos de uma década, não proclama apenas uma exuberância criativa ligada ao caráter do personagem, mas manifesta uma vontade de reinventar continuamente novas soluções, ainda que transitórias, para a cena projetual contemporânea.

Catálogo dos objetos

MIRROR BALL

CANDELABRO SPIN FLOOR

FELT SHADE

RUBBER BAND CHAIR

S-CHAIR

PYLON CHAIR

FRESH FAT CHAIR

EXTRUDED CHAIR

1991 | 1992 | 1994 | 2004

BIRD CHAISE LONGUE

JACK

CONE LIGHT TRIPOD STAND

THE BOMBAY SAPPHIRE STRETCH

CANDELABRO CROWN

LINK EASY CHAIR

GREAT LIGHT GIVEAWAY

SLAB CHAIR

CAGE LIGHT

FAN CHAIR

BLOW LIGHT COPPER

SLAB BENCH AND DINING TABLE

WINGBACK CHAIR

VOID LIGHT COPPER

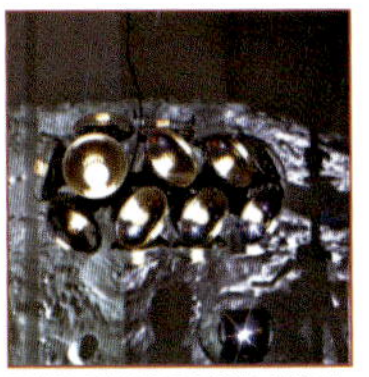
BULB CHANDELIER WIDE

LUMINÁRIAS PRESSED GLASS LIGHT

FLAME CUT SERIES

WINGBACK SOFA

ROCK TABLE SERIES

COPPER SHADE FLOOR

CAST CHAIR

2008 — 2009 — 2010 - 2011

PRESSED GLASS LIGHT TUBE

FLAME CUT SERIES

PEÇAS DA SÉRIE FLUORO OFFCUT

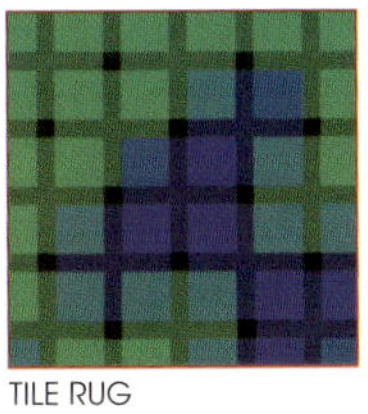
TILE RUG

PEG CHAIR

ETCH LIGHT

PRESSED GLASS LIGHT LENS

FLAME CUT SERIES

TRIO, QUAD E PENTAD

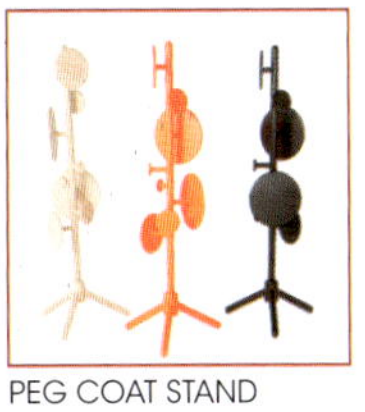
PEG COAT STAND

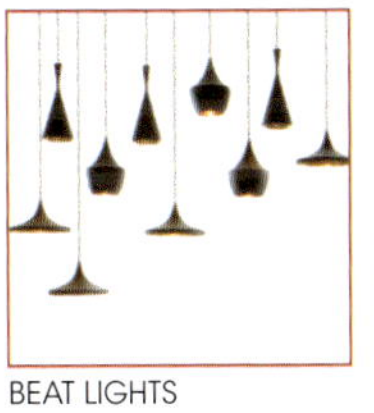
BEAT LIGHTS

FLUORO FLOOR LIGHT

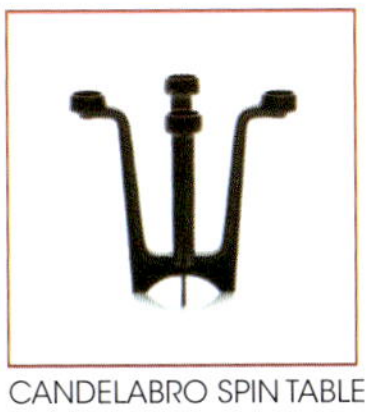
CANDELABRO SPIN TABLE

Os objetos

S-CHAIR

Ano: 1991

Empresa: Cappellini

Materiais: estrutura de metal, revestimento de materiais diversos (dependendo da versão), com vime, couro, feltro ou tecido

Como o *incipit* de um grande romance de aventuras, essa cadeira-ícone tornou Tom Dixon o prodígio e talvez o *enfant terrible* de um novo design internacional. Signo sinuoso e decidido, pouco reconfortante, desafia com coragem e determinação o ambiente que decide construir com a sua presença pouco discreta. Virtualmente contida no interior de um volume cilíndrico, a S-Chair cresce verticalmente sobre uma base circular reduzida a seus termos mínimos, construindo uma dinâmica leve em seu desenvolvimento. Como um animal invertebrado esperando um novo equilíbrio, as linhas fluidas constituem um assento confortável e surpreendentemente cômodo. A alma é composta de uma estrutura de metal esmaltado cujos revestimentos vão do couro ao feltro até chegar à palha e à versão mais conhecida, de vime. Considerada por muitos uma escultura, mais do que uma cadeira, a S-Chair representa a experimentação de um jovem designer que cresceu soldando e dobrando chapas de metal dos modos mais incomuns, até atingir um equilíbrio formal no limiar do visionário. Sinuosa e elegante, ela coloca Tom Dixon em uma fase de pesquisa projetual muito refinada, que utiliza as capacidades da indústria italiana como guia para um projeto de grande visibilidade comercial.

Presente na coleção permanente do MoMA (Museu de Arte Moderna de Nova York) na versão de vime, a cadeira teve uma grande fortuna crítica, transportando o virtuosismo de suas curvas aos livros mais importantes da cultura do projeto e às revistas de design de interiores mais prestigiosas do circuito internacional. Um *must* que permanece ainda um dos êxitos mais interessantes do jovem Dixon.

BIRD CHAISE LONGUE

Ano: 1991

Empresa: Cappellini

Materiais: chapa de MDF, metal, estofado de poliuretano expandido

A Bird é uma *chaise longue* de balanço, uma cadeira cômoda e funcional, que segue o movimento leve de quem decide se esticar sobre suas asas. Composta de uma estrutura de chapa de MDF e metal, tem estofado de poliuretano expandido com densidades diferenciadas. Quando revestida de tecido, este é totalmente removível. É uma poltrona que parece desafiar a lei da gravidade por ficar suspensa num perfeito equilíbrio precário. Foi precisamente a figura de um pássaro pronto a alçar voo que sugeriu a forma dinâmica dessa poética poltrona. Ícone dos primeiros trabalhos de Tom Dixon, representa a melhor síntese entre o dinamismo dos primeiros experimentos de um jovem roqueiro e a tradição mais doméstica dos estofados para casa Cappellini. A virtude e a ironia desta *chaise longue* não estão contidas apenas nas formas e materiais, mas também em seu nome, Bird, expressão de uma linguagem autônoma e divertida que transmite uma visão precisa sobre a peça. Não evoca simplesmente a figura de um pássaro, mas exprime o leve movimento da ave cada vez que se desloca o centro de gravidade com o próprio peso decidindo as dinâmicas de posição. Uma poltrona que se move em simbiose com seu hóspede.

PYLON CHAIR

Ano: 1992

Empresa: Cappellini

Material: aço

Como sugere o nome, a cadeira tem a aparência de uma torre de alta tensão. Objeto que já entrou na memória coletiva do design contemporâneo, a Pylon Chair é uma poltrona que perde todo seu conteúdo "pesado", restando uma sombra, a reverberação de uma forma de alto conteúdo expressivo, da transgressão calibrada, como sugere Giulio Cappellini, que em 1992 decidiu colocá-la em produção. Construída com fio de aço soldado à mão, esmaltada nas cores alumínio natural, laranja, azul ou branco fosco, a Pylon Chair remete a um projeto de 1989 que foi realizado em diversas versões pelo próprio Dixon e lhe rendeu o título de designer "vertebrado" cunhado por Fabio Novembre, projetista italiano de fama internacional e grande amigo seu. O objeto, reduzido ao esqueleto, confirma a originalidade de Dixon em experimentar de imediato as então vanguardistas tecnologias de informática, que permitiram realizar em *wireframe* [armação de arame] complexos desenhos tridimensionais traduzidos numa estrutura geométrica. Alguns desenhos fazem parte do acervo do Victoria & Albert Museum de Londres, enquanto a Pylon Chair está exposta na coleção permanente do Montreal Museum of Fine Arts e no Museum für Angewandte Kunst de Colônia.

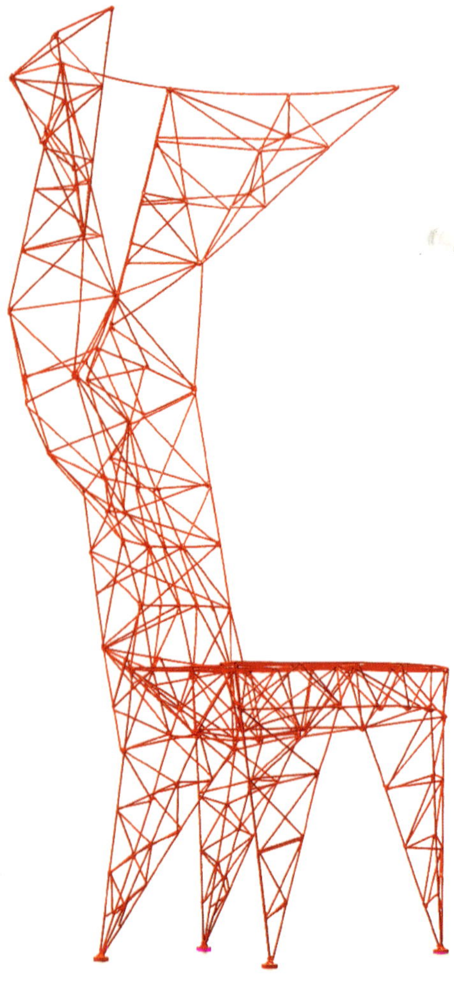

JACK

Ano: 1994

Empresa: Tom Dixon.

Material: polietileno pigmentado por rotomoldagem

Jack, um dos ícones criados por Tom Dixon, nasceu como um objeto de iluminação empilhável no qual se pode sentar, concebido para ser manuseado facilmente e adaptado a um uso sem destinação preestabelecida.

Desenhado em 1994, vencedor três anos mais tarde do importante prêmio de design britânico Millenium Mark e presente hoje na coleção permanente do Victoria & Albert Museum, Jack é a centelha que impulsionou Tom Dixon a fundar no mesmo ano a Eurolounge, empresa dedicada à fabricação de produtos de plástico que permitirá o início de sua primeira produção industrial.

Jack é um produto de polietileno pigmentado produzido por rotomoldagem, processo utilizado sobretudo para a fabricação de brinquedos ou de cones de sinalização de trânsito, mas de uso recente para elementos de mobiliário.

Segundo as palavras do autor, seu objetivo foi explorar a elaboração industrial do plástico como tentativa de relançar a produção britânica em série, esgotada há tempos. O produto encontra inspiração nos objetos e acessórios de mobiliário pop produzido entre os anos 1960 e 1970, com os quais se irmana em sua forma suave, cálida e pelo aspecto matérico deliberadamente artificial.

Hoje o Jack está de novo em produção pela Tom Dixon Ltd em diversas versões: Jack Light White, o módulo luminária; Jack Fluoro, luminária fluorescente visível de noite mesmo sem eletricidade; e Jack Black, versão preta, livre para se mover no espaço.

CONE LIGHT TRIPOD STAND

Ano: 2004

Empresa: Tom Dixon.

Materiais: alumínio repuxado, acrílico e policarbonato

O Cone Light é um dispositivo luminoso de superfície interna altamente refletora, construído pelo processo industrial de repuxo de alumínio. A forma cônica da luminária amplifica a potência de uma pequena lâmpada, ao fazer toda a intensidade luminosa convergir sobre o próprio difusor, emitindo assim uma luz muito suave, similar à natural do dia. Propostos em duas dimensões diferentes, os cones luminosos foram concebidos para serem usados tanto como elementos suspensos quanto como corpos montados sobre um tripé metálico. Esta última versão se transforma num mecanismo livremente componível, feito de cones sustentados por um fino elemento vertical, cujas configurações possíveis e a orientação dos difusores o tornam um objeto jamais igual a si mesmo e sempre pronto para adaptar-se a qualquer contexto. Seu design enxuto e equilibrado não esconde um forte vínculo formal com os equipamentos profissionais dos fotógrafos. O Cone Light Tripod parece ser o resultado de um processo de "domesticação" de um aparelho foragido de um estúdio fotográfico, um equipamento técnico pronto para a nova domesticidade das nossas casas contemporâneas. Precisamente pela transposição de qualidades específicas como a leveza e a possibilidade de orientar os cones luminosos por meio de um prático grampo de pressão, o dispositivo sugere uma reversibilidade infinita de suas configurações. O difusor de acrílico branco expande e atenua a vivacidade do Cone Light, tornando-o um objeto adaptado a diferentes condições de luminosidade.

FELT SHADE

Ano: 2006

Empresa: Tom Dixon.

Materiais: feltro (cúpula), alumínio (estrutura)

A Felt é *simplesmente* uma luminária de feltro. Uma forma suave e sinuosa que utiliza uma técnica produtiva raramente empregada na indústria do mobiliário: a soldagem das diversas camadas de feltro utilizando calor. Tom Dixon gera assim uma dupla natureza entre o material externo de cor cinza e o branco refletor de suas paredes internas. Luminária escultórica e tátil, restitui a tonalidade cinza do *English grey* através de uma linha suave. O feltro, material pouco usado no design de interiores, quase ausente na iluminação, é adotado por sua natureza singular, mas sobretudo por suas imperfeições, resultantes da feltragem das fibras superficiais. Um agradável curto-circuito entre cor, matéria e forma. Um seixo triangular que exprime sua leveza na versão suspensa, suavemente ondulando do alto. Uma luminária num material têxtil, rígida e macia como um chapéu, única no gênero e impecável em sua elegância.

LINK EASY CHAIR

Ano: 2006

Empresa: Tom Dixon.

Material: fio de aço

A Link Easy Chair é uma cadeira levíssima tanto na estrutura como no aspecto. É uma pequena arquitetura composta de uma série de fios metálicos soldados à mão e depois galvanizados. Cada "filamento" se dobra e se enlaça, desenhando os perfis de um assento acolhedor, aberto e na medida de seu esqueleto. A estrutura branca e fina, inspirada poeticamente nas formas do entrelaçamento e do nó, transforma-se com grande delicadeza na compostura de uma cadeira aristocrática e efêmera. Delgada, mas não frágil, confunde sua natureza de móvel de jardim com uma domesticidade toda interna e cotidiana, graças à almofada com estampa colorida. A fina estrutura abraça em seu próprio interior o indivíduo que senta, mas sem escondê-lo. E, como a grade de um viveiro de pássaros, parece pronta para ser entrelaçada pela natureza selvagem de um jardim romântico ou de um *dehor* [quiosque, caramanchão] urbano. A cadeira faz parte da Wire Collection, série inspirada na propensão do aço soldado e do tubular a formar objetos escultóricos e resistentes em sua "ausência" de matéria plena. A utilização das qualidades estéticas e expressivas do metal parece de fato retornar na pesquisa de Tom Dixon como uma constante. Também nesta ocasião, ele parece mesclar o pragmatismo de uma cadeira funcional e durável com as formas tradicionais e reconfortantes dos hábitos burgueses ingleses, tudo mediante o uso mais extremo e poético dos materiais de derivação industrial. A Link Easy Chair, como uma trama de crochê, adquire força estrutural e expressiva através de sua natureza tão efêmera e fascinante.

EXTRUDED CHAIR

Ano: 2007

Empresa: Tom Dixon.

Material: PETG

A Extruded Chair, de 2007, resultado híbrido do entrelaçamento entre indústria e trabalho manual, foi obtida a partir do material plástico bruto PETG (PET modificado com glicol), que é rescaldado, colorido, empurrado e puxado, esticado e soldado sobre si mesmo, para criar estruturas policrômicas em rede e formas "amorfas", obtidas de sua textura. É um estimulante retorno ao "feito à mão", mas dessa vez utilizando materiais artificiais tecnologicamente avançados e processos de produção mecânica. A Extruded Chair foi produzida manualmente por Tom Dixon numa série de 12 exemplares, obtidos pela modificação na máquina de moldagem de modo a prolongar a modalidade de depuração, geralmente utilizada para limpeza do aparelho. Mas essa pesquisa remonta a 2001. Naquele ano, ao vencer o concurso para a realização da vitrine da Selfridges na Oxford Street, Dixon transporta ao ambiente das grandes lojas de departamentos uma dessas máquinas. Com ela, inicia a experimentação que dá vida à série Fresh Fat Plastic, ainda hoje em catálogo. A operação teve grande sucesso. Tanto, que levou a Selfridges em 2006 a recontratar o projetista para outra performance similar, que permitia aos clientes montarem e adquirirem os produtos assim que saíam do ciclo de moldagem, e levá-los para casa ainda quentes.

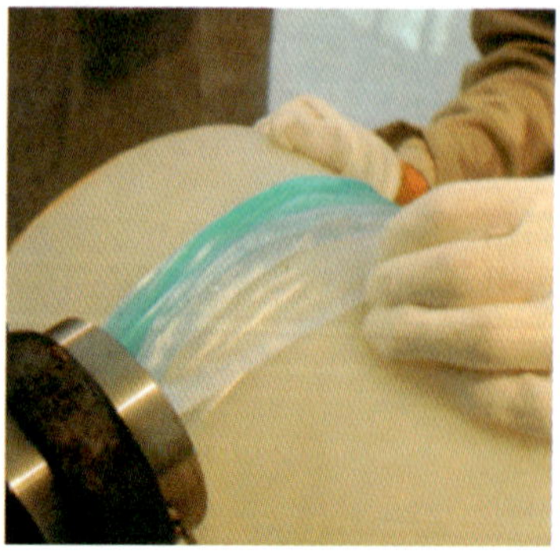

EXTRUDEX

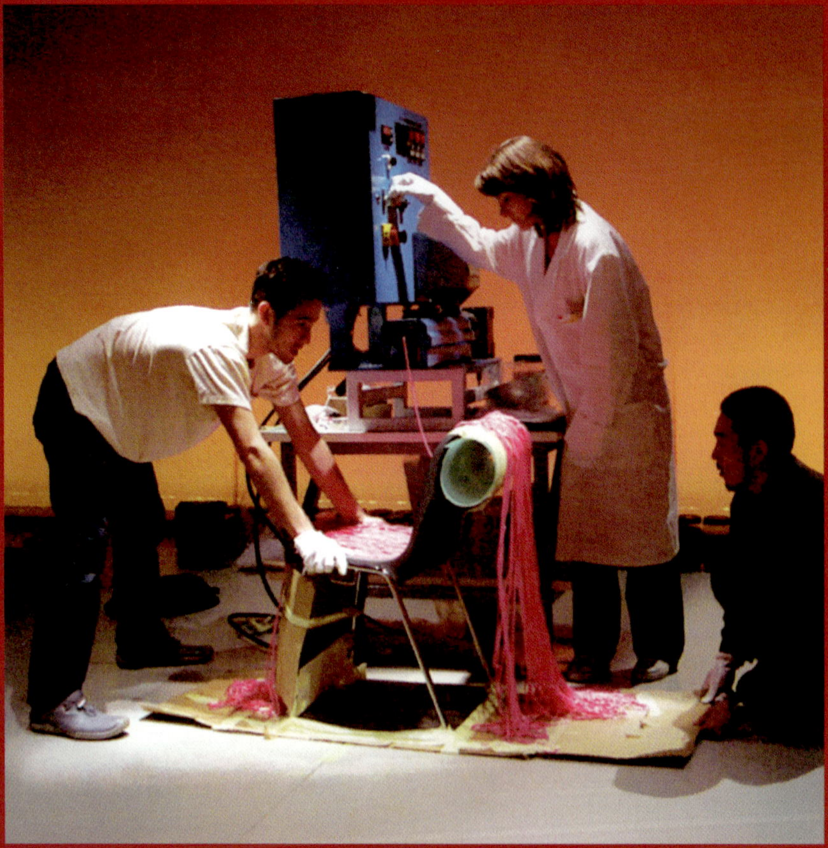

Fresh Fat Plastic, Tom Dixon (produzida na loja Selfridges), 2001

PRESSED GLASS LIGHT, BEAD & TOP

Ano: 2008

Empresa: Tom Dixon.

Material: vidro

Bead e Top, "conta" e "pião", podem ser genericamente definidas como duas simples luminárias suspensas, mas ocultam uma silenciosa revolução no tratamento da luz. Pela primeira vez ela tem um "peso", é maciça. E o vidro, tratado como um volume "todo cheio", transforma-se num material extremamente resistente. A alma de Bead e Top se inspira de fato nos globos incandescentes de vidro que, saídos da fornalha, estão prontos para serem soprados. O corpo das luminárias é fabricado em instalações industriais geralmente utilizadas para a produção de manufaturados de elevado conteúdo tecnológico, como os componentes para os faróis de automóveis ou os isolantes de vidro. O material, depois de fundido, é comprimido num molde (oco no interior, para permitir num segundo momento abrigar a fonte luminosa) e sucessivamente recozido para tornar-se um objeto sólido. Neste processo não deve haver nenhuma intervenção manual que permita um controle total sobre o produto acabado, pois as minúsculas imperfeições, como as pequenas bolhas de ar que se formam no interior do material durante a queima, tornam-se o sinal vivo de um processo matérico que dá unidade a cada peça. Uma vez inserida uma G9, lâmpada halógena de dimensões reduzidas, o componente de vidro distorce a luz e o espaço em volta se preenche de reverberações, proporcionando uma luminosidade antiga, fraca, de lanterna. A Bead e a Top pertencem ao conjunto de luminárias Pressed Glass Light, que por sua vez integram a coleção mais ampla intitulada Utility. Apresentada pela Tom Dixon Ltd em 2009, esta se pauta pelo uso de materiais simples, reduzidos aos mínimos termos e de sabor industrial. Nesse contexto, a projetualidade reside na capacidade de fazer emergir produtos robustos, resistentes, oportunos para um momento de crise iniciado com o novo milênio.

FLAME CUT SERIES

Ano: 2008

Empresas: Gallery Mitterrand + Cramer, Ginevra

Material: aço macio

Em 2008, Tom Dixon desenhou uma coleção "impossível" quando foi convidado a participar da exposição *Reconstruction #3 – The Artists' Playground*, montada no castelo de Sudeley, nas imediações da cidadezinha britânica de Cheltenham, graças ao salvo-conduto de Kenny Schachter (diretor da Rove Gallery londrina). Mesa, cadeira, *chaise longue*, cadeira de balanço, cadeira de bebê e berço, todas rigorosamente de aço macio cortado a fogo com acabamento de cera. Insuperavelmente pesada e gélida ao tato, quando se pensa nos úmidos jardins do castelo em Gloucestershire. Trata-se de um discurso mais amplo, que ultrapassa as ideias do "good design" para buscar um retorno crítico, depois irônico, sobre a história da antiga fortaleza. Ela teve entre seus inquilinos até o rei Jorge III, mas conta com uma história de 700 anos de lutas e conflitos perpétuos entre facções, que a cada vez pilhavam e destruíam tudo o que pertencera aos predecessores. Por isso Dixon, com seus móveis de aço pesados e imortais, concede a eles uma vida de pelo menos mil anos e a capacidade de resistir a novos conflitos. Há então, na Flame Cut Series, uma referência irônica aos móveis dobráveis e embaláveis: cada um desses objetos, produzidos em edições limitadas de 8 a 12 peças, foi projetado de modo a ser desmontável. São, com efeito, o resultado de uma montagem de chapas parafusadas, não soldadas, que podem ser facilmente soltas para transporte conforme a conveniência. Certo, não poderão ir tão longe com todo seu peso físico, porém seu peso metafórico garantiu-lhes a presença na Design Miami/Basel no mesmo ano e, dois anos mais tarde, na *Super Design*, importante mostra londrina dedicada ao design, promovida pelas galerias.

ROCK TABLE SERIES

Ano: 2009

Empresa: Tom Dixon.

Material: mármore indiano

Rock Table é o nome de duas mesas sóbrias, inteiramente obtidas pela laboração mecânica de blocos de mármore indiano Forest Brown, provenientes das cavernas do Rajastão [maior estado da Índia, situado na região Noroeste]. Embora o mármore seja novo no trabalho de Dixon, que geralmente explora processos industriais em que ocorre uma transformação matérica, a Rock Table colabora para a narratividade da coleção intitulada Utility, graças à sua solidez e à eloquência desse mármore em particular, escolhido também por sua semelhança com uma pedra comum, e assim mais adequado a uma série de produtos que busca o despojamento matérico, mas não a privação de peso. Os três blocos de Forest Brown – tampo, pernas e base – são trabalhados separadamente para depois serem montados por sobreposição. São cortados à máquina, e então lixados e lustrados para se obter um acabamento liso que enfatiza os veios já nitidamente presentes no material bruto. A Rock Table se junta a uma pesquisa conduzida contemporaneamente nos últimos anos por diversos projetistas que escolheram o mármore como matéria a reexplorar. Dentre eles, vale mencionar os trabalhos de Marc Newson para a famosíssima Gagosian Gallery de Nova York, a Bottle Table da dupla Barber Osgerbhy, produzida pela Cappellini, e sem dúvida nenhuma a Tulip Table, ícone da Knoll projetado por Eero Saarinen *(vol. 4 desta Coleção)* em 1956 e relançado pela empresa em comemoração aos 50 anos da coleção Tulip. Não obstante, o que continua a diferenciar Dixon desse gênero de trabalhos produzidos em série limitada é a atenção à acessibilidade do produto. "Não desenho objetos para galerias", diz o autor, que fez da produção em série a base de sua atitude empresarial.

WINGBACK CHAIR

Ano: 2009

Empresa: Tom Dixon.

Material: madeira maciça, estofada com veludo mohair

A Wingback Chair deriva diretamente da clássica poltrona inglesa estofada do século 18: a tradicional poltrona de encosto alto com duas partes laterais chamadas de "asas", solidamente integradas aos braços. Estas duas asas, mais pronunciadas na parte alta do encosto, nascem com a função inicial de proteger quem senta das correntes de ar e as senhoras burguesas do calor crepitante das lareiras. Agora anacrônico para as casas hermeticamente protegidas e constantemente climatizadas, o modelo é repensado por Tom Dixon num viés irônico e contemporâneo. Desdramatizando sua presença com um revestimento de macio veludo mohair preto fosco e fluidificando a rotundidade de seus perfis, consegue dar uma interpretação sedutora a um objeto clássico e durável. Pensada para o living contemporâneo, a Wingback Chair é produzida artesanalmente pela renomada empresa de estofados inglesa George Smith. A resistente estrutura de madeira maciça (bétula) e o estofado de camadas de algodão natural e cerdas de javali, produzidos pelo processo tradicional, transformam o produto em um objeto de altíssimo valor artesanal. A poltrona, com seu pufe e seus pés laqueados em preto, é um móvel de grande estilo, capaz de se adaptar às exigências diárias de todos os ambientes. A série propõe também uma versão sofá de dois lugares e uma ampla gama de cores para o revestimento.

TILE RUG

Ano: 2009

Empresa: The Rug Company

Material: lã de ovelhas tibetanas

Em 2009, Tom Dixon projetou para The Rug Company cinco tapetes de composições gráficas moderadamente *optical*. O tema de base da série foi o "sinal de teste televisivo". Imagem gráfica emitida nos momentos em que o televisor está ligado mas nenhum programa está sendo transmitido, parte da memória histórica de todos os indivíduos que adormeceram na frente da TV nos primeiros anos 1970. Da fiação da lã à tecelagem da moldura, o Tile ("azulejo" na tradução literal do inglês) é um tapete inteiramente feito à mão nas imediações de Katmandu, capital do Nepal. A tradição artesanal milenar da região utiliza uma lã de altíssima qualidade proveniente de ovelhas tibetanas, a qual permanece uma das mais requisitadas do mundo por sua consistência e durabilidade. As formas gráficas dessa série caracterizam fortemente a identidade de um tapete que utiliza o fundo escuro para articular uma palheta feita de nuances muito similares, contrastadas pela saturação e em sua sobreposição. Tom Dixon consegue harmonizar as sutis variações de cores através de um desenho mais amplo, de uma paisagem horizontal potencialmente infinita. Azul, turquesa e verde-água tomam corpo pela justaposição de *pixel* sobre a malha regular, criando uma composição de matriz geométrica não perceptível no conjunto, mas que remete indiretamente aos seus trabalhos sobre a iluminação e a luz.

UIA
BUILDING LLOYDS
VANISHED CIVILIZATIONS
VANITY FAIR
RIBA 1985
RIBA 1983
RIBA - 1982
RIBA - 1981
1980

ENAMEL VESSEL TRIO: TRIO, QUAD E PENTAD

Ano: 2009

Empresa: Tom Dixon.

Materiais: ferro-gusa, porcelana esmaltada

Três fragmentos de ferro-gusa esmaltado em três cores vibrantes são o produto que a empresa de Tom Dixon propõe como grupo de acessórios para a mesa de todos os dias. Trio, Quad e Pentad, nomes que evidenciam o número de lados das figuras, são três estilhaços de porcelana esmaltada, para serem dispostos livremente sobre a mesa. Pequenas travessas de forma espudoramente geométrica, usados singularmente ou em grupo, podem ocupar o centro da mesa ou posicionar-se nos interstícios de uma mesa ricamente posta. O ferro-gusa, material bruto tomado de empréstimo da indústria pesada, é protegido internamente por uma esmaltação com partículas de vidro salpicadas e levadas ao endurecimento a temperaturas elevadíssimas. Obtém-se assim uma superfície muito resistente e altamente higiênica, como na tradição dos melhores equipamentos profissionais de cozinha produzidos de porcelana esmaltada. Com a costumeira abordagem pragmática, Tom Dixon conjuga materiais domésticos com industriais, o gusa com o esmalte da porcelana, o grão sólido do metal com o brilho e a preciosidade do esmalte. As superfícies inclinadas de cor azul, branco e vermelho vibram com a luz natural, restituindo uma consistência corrugada devido às imperfeições do processo de esmaltação. Violento nas formas e na conjunção dos materiais, Tom Dixon reinventa três objetos para a mesa como três fetiches, belos embora vazios, protagonistas que também podem ser usados individualmente. Desenhados em 2009 para a sua marca, são sempre referidos como três objetos sem contexto, três signos tridimensionais prontos para serem dispostos numa nova composição formal, totalmente independentes e desvinculados da sua função primária de simples "travessas de mesa".

VOID LIGHT COPPER

Ano: 2009

Empresa: Tom Dixon.

Material: metal

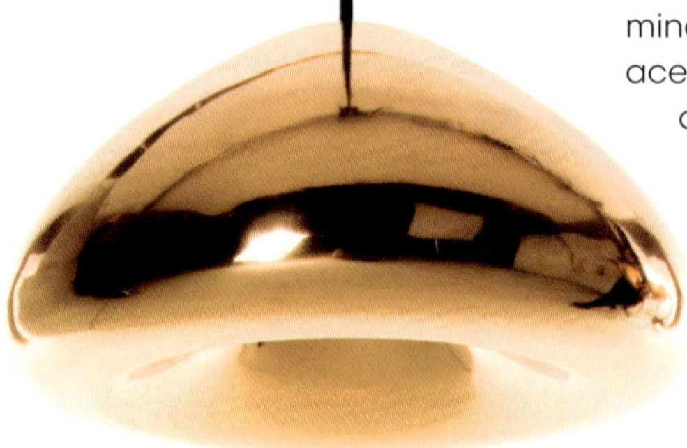

Void, literalmente vazio, não é simplesmente uma luminária, mas um objeto misterioso, um pouco disco voador e um pouco escultura espacial, que lembra de imediato as obras reflexivas e contemplativas do artista anglo-indiano Anish Kapoor (1954-). Um objeto que esconde sua fonte luminosa, mas dela revela a potência através de um vazio, uma aspiração matérica, que dobra e envelopa em seu interior o facho luminoso. O efeito ocorre por meio de um tratamento industrial particular, segundo o qual os materiais metálicos são prensados, soldados e polidos até revelar uma superfície espelhada lustradíssima, constituída de uma lâmina em camada dupla, fina e leve. O reflexo, acentuado por uma película brilhante similar a um verniz, amplia todas as vibrações e a cintilação do ambiente que se reflete em suas superfícies. Também nesse caso, a pesquisa tecnológica do material utilizado permitiu a Tom Dixon levar ao extremo as características do processo industrial, traduzindo a ductilidade do metal num aspecto formal de clara legibilidade. Usada como peça única ou repetida em variações infinitas, a Void se transforma num dispositivo performativo, cambiante nos tons e nos reflexos, capaz de sugar idealmente o próprio entorno com o virtuosismo de sua dupla curvatura. Inspirando-se nas cores das três medalhas olímpicas, a Void está disponível nos acabamentos bronze, cobre e aço. Como um pendente precioso, é prevista só na versão suspensa, presa a um fio de tecido negro de 2,5 metros de comprimento para poder aumentar o efeito oscilatório. Apresentada com "pompa magna" no Salone del Mobile de Milão em 2010, a Void tornou-se de imediato um dos objetos de ponta da coleção de Tom Dixon.

Projetar o imediato

S-Chair, produzida por Cappellini, 1991

p. 96-97
Offcut Stools, Tom Dixon Shop, 2009

"Fui uma dessas crianças sempre sujas, e uma das minhas primeiras lembranças, que ainda agora sinto como uma injustiça enorme, é o fato de que viviam me dizendo para não brincar com a comida. Que pena, pensava aos quatro anos, quando a possibilidade de criar montanhas de purê ou de realizar retratos com as fatias de torrada me parecia uma alternativa melhor oferecida a esses materiais grosseiros, em vez de simplesmente serem *consumidos*."

A atitude de reavaliar os usos dos materiais permanecerá uma constante no pensamento de Tom Dixon, que com os anos se pôs a experimentar com metais, objetos e componentes industriais, até o ponto de empregar tecnologias avançadas. Às vezes nunca antes aplicadas ao desenvolvimento de objetos domésticos, ele as desdobra na tentativa de desviar o que já existe em direção a outros usos ainda não explorados, entrando nas vísceras do cotidiano. Já há uma dezena de anos, com *Rethink*, livro fundamental para compreender a evolução do designer, Tom Dixon nos oferecia diretrizes sobre como poderíamos entrever autonomamente usos simples, diversificados, facilmente introjetáveis para coisas e complementos comuns. Explica Dixon: "*Rethink* significa olhar de outra maneira o mundo dos objetos existentes. Tentar encontrar a beleza enigmática contida no cotidiano, no banal, individualizar a oportunidade de atingir um objetivo, mesmo quando este não é intencional. Às vezes significa domesticar a produção industrial para fazer dela um uso doméstico, mas sempre mantendo os olhos bem abertos. Estamos circundados de exemplos extraordinários de design natural e anônimo: aqueles que atingem um objetivo primário, aqueles com um *styling* radical e aqueles que trazem inovações inteligentes. Mas quantos de nós realmente paramos para observá-los? Mundos anônimos de projetos não reconhecidos e nao notados estão esperando para serem descobertos e legitimados por uma indústria que não conseguiu acolher plenamente sua parentela. Devemos realmente esperar a próxima Guerra Mundial para poder desobstruir nossas mentes e lançar uma corrente de ar fresco nessa disciplina rançosa? Penso que a resposta está à nossa volta [...]. Descobrir novos usos para artefatos existentes parece ser uma atividade humana quase natural".

O conceito de reutilização não se dissocia, porém, do excêntrico princípio como soldador amador, fase crucial para o jovem artista-músico que encontrará nesse método "faça você mesmo" um novo e inédito modo de expressão, logo convertido em uma atividade profissional: "Por sorte, iniciei minha carreira no mundo pré-virtual, e minha relação com o projeto começou muito tempo depois do encontro com os meios de atuar profissionalmente hoje".

De uma rápida lição sobre a solda chegou à descoberta de um mundo onde podia fazer coisas sem nem mesmo ter de desenhá-las antes! "A alegria da solda me foi confirmada através do desenvolvimento da habilidade de produzir coisas que pudessem estar realmente de pé no chão. Minhas construções primitivas logo desabariam sob o peso de um cliente mais pesado, que decidiu pô-las à prova. Mas eu ficava sempre mais veloz, e não era tão raro que produzisse uma cadeira por dia. Desde o momento em que soldava até tarde da noite, ficava fascinado com o fato de ter encontrado um meio intrinsecamente flexível e tolerante para fazer coisas que se adequavam à minha natureza impaciente e caótica."

Em seguida, Tom Dixon ultrapassará a família dos metais em seus experimentos e o prazer de lidar com um material artificial se estenderá ao fascínio pelo seu processo de laboração.

"Antes de começar o projeto, gosto de compreender um material e suas propriedades, o modo como ele é trabalhado", afirma Dixon durante uma entrevista enquanto visita uma fábrica que ainda não conhece, onde passará horas a aprender com os técnicos e artesãos, e onde trabalhará as matérias com as mãos antes de decidir o que realizará. "Alguns dias trabalho como designer,

Cage Light, Tom Dixon Shop, 2009

mas o que me interessa realmente é a invenção, a engenharia e a comercialização, mais do que o processo de projetar. Acho que os projetistas reais deveriam interessar-se por toda a cadeia. De modo que sou designer muito ocasionalmente. Tendo a permanecer nas margens e às vezes faço nascer um produto que foi projetado principalmente através de um interesse pelos materiais e pelas tecnologias."

Mas há todo um *mundo interior*, como conta sua recente publicação *The Interior World of Tom Dixon* (2008), que compensa e gratifica o amor pela matéria.

Trata-se de um volume maravilhoso, que reúne a pesquisa infinita do designer e forma um arquivo de sugestões com perspectivas as mais diversas sobre o mundo: objetos, superfícies, manufaturas, infraestruturas e indústrias, inicialmente, para depois chegar às longínquas tribos africanas e, em profundidade, à cultura primitiva. Com uma confissão que começa na capa, Dixon precisa qual é seu personalíssimo ponto de vista para "fazer" design: "Devo confessar que efetivamente não estou afirmando ser um designer de verdade, de modo que, por favor, não esperem uma publicação cheia de sugestões e conselhos sobre como obter um certo *look*, ou um livro respeitável que delineie seriamente o que é design em oposição ao que não é. Não, este livro deve ser compreendido como uma imersão no interior do que sucede dentro de mim quando me confronto com cada tipo de material, seja ele bom, ruim, indiferente, e o modo como experimento ordená-lo para que adquira significado.

"Numa paisagem visual e funcional sempre mais complexa e caótica, este texto poderá ser útil, e espero poder compartilhar com vocês algo empolgante que tive o privilégio de observar nesses estimulantes, aterradores e explosivos momentos visuais. [...] De todo modo, estou lentamente chegando à conclusão de que o projetar não é algo específico realizado por alguns especialistas em produtos, e que pode ser avaliado e julgado

Rubber Band Chair,
Tom Dixon Shop, 2005

como bom ou ruim. Estou, em vez disso, começando a vê-lo como um processo ligado a qualquer um, com base no cotidiano. [...] Como uma teoria do caos, creio que emergirá um modelo de referência de toda a confusão pela qual somos bombardeados continuamente."

E então Dixon explicita o prazer de se deixar influenciar por outros mundos. Quando estes têm a ver com a cultura contemporânea, ele de imediato se declara muito mais atraído pela senda sugestiva da música, arquitetura, moda e comida, que juntas constroem a imagem do presente do homem, mais do que pelas tendências do design.

Algo que se vincula a um amor incondicional por aquilo que é verdadeiro, autêntico – o que é tosco, honesto e natural. "No trabalho e na própria vida", diz, "sentia-me sempre mais atraído pelo material bruto, pelo feito em casa, por aquilo que é simples, pelo individual e único. Assim, chamei essa sensação de *primitivismo*, em parte porque as duas coisas têm a ver uma com a outra, mas também porque creio que nossa corrida precipitada em direção à modernidade – nosso amor incessante por aquilo que é novo – precisa ser contrabalançada com alguns princípios fundamentais que pertencem a tempos remotos."

Alguns de seus caminhos mais interessantes nasceram das colaborações mais insólitas. Nunca pensou em projetar armamentos, revela, mas detesta o sentimento do "não se deveria" projetar por isso ou por aquilo, noção que considera artificialmente limitadora.

Com a mesma naturalidade pode ser compreendida a aventura de Tom Dixon como empresário de si mesmo, que se revela na sorte de ter vendido sua primeira cadeira – aliás, bem malfeita – no próprio dia em que a produzira. "Foi uma sensação estimulante", diz, insinuando um sorriso muito britânico.

"Percebi pela experiência com a Habitat que estava muito mais interessado nos negócios do que tinha pensado. Provavelmente não sou tão atraído pelo dinheiro quanto deveria. Mas as transições me encantam. Nunca teria acreditado que poderia fazer qualquer coisa com as mãos e depois obter dinheiro com a venda. Parecia-me simplesmente um sonho. Agora tenho minha empresa, Tom Dixon. Trata-se de um desafio completamente novo. O panorama muda continuamente... Com frequência me sinto como se estivesse começando pela primeira vez."

Apontando a individualidade como eficaz estratégia comunicativa do contemporâneo, Tom Dixon considera o mundo moderno como voltado, novamente, ao que é *pessoal* e ao que se refere às possibilidades atuais das pessoas, que podem produzir pequenas quantidades de produtos "puros", porque não submetidos aos compromissos da indústria: "Não dependemos mais de outras infraestruturas para produzir nossas ideias". Segundo o excêntrico personagem, essa lição reconfortante é fruto de uma inspiração do *fine-punk*, que deu a qualquer um a coragem de fazer mesmo sem saber, sem talento, como autodidata, e com uma única certeza: ser o número um. "Não queria ser um designer. Queria me tornar um pop star", diz imperturbavelmente sentado no interior de seu invejável estabelecimento monomarca em Portobello Dock. Parece que conseguiu.

Cooper Shade Floor,
Tom Dixon Shop, 2010

Slab Bench and Dining Table, Tom Dixon Shop, 2008

Slab Chair, Tom Dixon Shop, 2008

Queria me tornar um pop star

Front-Man do *New English Style*, expoente da *Cool Brittannia, superstar* do design, *One-Man Movement, Mr. Self-Brand*, e assim por diante, são as denominações que acompanham a brilhante carreira de Tom Dixon e constelam, um pouco por brincadeira, um pouco por mérito, a aura midiática desse singular protagonista do design contemporâneo. A notoriedade de Tom Dixon começa de fato a se difundir quando um dos mais importantes descobridores de talentos do panorama europeu, Giulio Cappellini, decide apostar nele no final dos anos 1980. Diretor artístico da empresa familiar homônima, Cappellini conhece o jovem talento londrino por intermédio de Carla Sozzani, amiga comum, diretora da revista *Vogue Itália* e notória formadora de opinião do panorama internacional, que, entre moda, arte e design, parece ter desenvolvido um faro infalível para as novas promessas.

Giulio Cappellini ficou de imediato curioso e fascinado, como ele mesmo conta, por esse personagem que fazia objetos únicos, muito agressivos, e que não escondia a alma poética refinada do seu trabalho. Estimulado por um universo de objetos duro e cru, o empresário decide encontrá-lo em Londres no laboratório-escritório: um lugar fascinante e misterioso repleto de objetos soldados, metais, protótipos, peças e não muito mais. Ideias, nada de desenhos, muita matéria.

Talvez precisamente nesse momento tenha sido disparada a centelha que fez Giulio Cappellini pensar em transformar aqueles "objetos escultura" em "objetos de uso", atento para "não matar a veia poética deles", como gosta com frequência de recordar. Nascem assim, diretamente da prática de experimentação do designer, seus objetos-ícone como a S-Chair, a *chaise longue* Bird, a Pylon Chair – que ainda hoje preenchem páginas de revistas e jornais toda vez que está em questão Tom Dixon. São cadeiras muito atípicas, mas, como lembra Cappellini, "cada peça, mesmo singular, tem clara referência à organicidade natural, e portanto é em sua liberdade expressiva que se pode encontrar a chave correta de leitura dessas cadeiras, tão extremamente diferentes entre si".

Tal liberdade é mediada pela perfeita colaboração e pelo know-how de uma empresa produtora de altíssimo nível, que levou Tom Dixon a se transferir por longos períodos para a Itália a fim de acompanhar pessoalmente todas as fases de desenvolvimento. "A transgressão equilibrada constitui um dos elementos essenciais de seu modo de pensar e projetar, modalidade que lhe permitirá criar objetos funcionais mas sobretudo oníricos, movendo-se livremente fora dos esquemas consolidados", rememora Cappellini cada vez que a crítica busca enquadrar a primeira produção do jovem talento em um esquema reconhecível de estilos ou formas.

A fortuna crítica da primeira fase de Tom Dixon, aliás, foi de imediato ampla e transversal, alinhando-se a uma fortuna comercial que, embora traçada por produtos de nicho como a Bird e a Pylon, continua a ser confirmada pela demanda constante do mercado por esses produtos. Ao mesmo tempo a S-Chair é ainda considerada pela empresa de Giulio Cappellini como um verdadeiro *long-seller*, um ícone do pensamento projetual contemporâneo cujas vendas aumentam a cada ano de maneira constante. Essa capacidade de pensar "objetos surpreendentes", prontos para entrar na memória coletiva, configura um início de carreira atípico, que tocou profundamente a sensibilidade do próprio Giulio, como ele recorda, pela inteligência e liberdade de "passar de um objeto único a um objeto de série sem desnaturar sua essência". Ao se perguntar se hoje faria de novo as mesmas escolhas por Tom Dixon, Cappellini, que continua a acompanhar discretamente o trabalho do designer com a paixão de um amigo, responde com grande convicção um seco e divertido "sim" e confessa que toda vez que o encontra não hesita em lembrá-lo de que ainda está esperando "a nova S-Chair".

Após esses primeiros encontros, a visibilidade do jovem talento começa a repercutir por toda a

Europa, em revistas do ramo e jornais, mas principalmente em todas as feiras e em ocasiões de promoções que o colocam como o protagonista de uma nova efervescência criativa. Não se chega a compreender bem se Dixon instigou o mundo da mídia com suas performances produtivas ou suas festas ao som de rock, ou se a crítica internacional foi enfeitiçada por esse fascínio modesto de "*dandy* inglês". Pouco importa. Na Londres das finanças e da cambaleante economia internacional, Tom Dixon parece ser um cavalo vencedor no qual vale a pena apostar (do ponto de vista econômico e projetual), uma figura prontamente reconhecida por todos com o papel de "inovador".

A indústria do mobiliário inglesa, que fazia anos era muito antiquada em relação ao mundo da internet e das finanças criativas londrinas, identifica nele uma figura valiosa como "*superstar*" de um novo design global. Assim, ele começa a desenhar para as maiores empresas italianas do setor como Driade, Moroso e, atravessando o mundo do luxo com a Veuve Cliquot e o da moda com Vivienne Westwood, Jean Paul Gaultier, Ralph Lauren, Romeo Gigli e Lacoste, conquista aquela notoriedade capaz de chegar ao grande público. Precisamente este público, inclusive na opinião de seus detratores, será o mais afeiçoado e atento às suas transformações.

Condecorado com a Ordem do Império Britânico em 2000 e pronto para uma possível promoção a baronete, é o único jovem designer no âmbito dessa longa lista de literatos, artistas, jogadores de futebol e atores de fama internacional. Tom Dixon parece ter nascido para as páginas das revistas, encarna a figura emblemática do rapaz talentoso e parece magnetizar naturalmente a atenção dos blogs e sites especializados. Seu pensamento é difundido na rede através de comedidas videoentrevistas – eficientíssimas informações comerciais dos produtos por ele criados – e por um site pessoal atualizado e rico, sem no entanto desdenhar as páginas de cultura dos mais formais *Financial Times* e *The Independent*.

Se a vasta popularidade o consagrou como um astro do firmamento projetual, não se deve esquecer que boa parte de seus primeiros trabalhos está já presente nas coleções permanentes do MoMA de Nova York, do Victoria & Albert Museum de Londres e do San Francisco Museum of Modern Art. Tom Dixon é um dos poucos projetistas da nova geração a obter consenso do establishment, da crítica, do mundo da mídia e do público. Não surpreenderia se a segui-lo se materializassem fãs prontas para glorificar suas proezas como na longa tradição dos astros de rock dos anos 1960.

Diretor criativo excepcional em 2007 do 100% Design, evento londrino sobre as novas tendências do projeto, reconheceu-se nele a capacidade de "conciliar a inovação tecnológica e matérica com a simplificação do design", como afirma Cristina Morozzi, "integrando os valores tradicionais dos objetos de modo a prestar um serviço às pessoas". De fato, para Dixon o design é um resultado, nada mais. Diante de um panorama heterogêneo de jovens projetistas, repudia a ideia de um design como produção de objetos de luxo, afirmando alto e bom som que o design "é coisa séria!" (declaração lançada numa videoentrevista com uma atitude divertida). Projetar para muitos, comunicar a todos parece ser o moto de sua explosão midiática, e talvez seja esta a verdadeira fórmula de sua transgressão bem dosada: produzir, projetar e comunicar. Milão se afigura, assim, como um local adequado para fazer publicidade de seus produtos e promover a si mesmo.

Rossana Orlandi, outra figura-chave do design milanês, fala de Tom Dixon como um amigo. Descreve-o como um jovem talentosíssimo e inteligente, "um rapaz alto, irônico, requintado e muito *British*, que queria ser um rock star mas que atende o celular sempre pessoalmente e tem uma atitude ambígua de quem se intimida e se lança à conquista ao mesmo tempo". Um criador muito equilibrado no projeto e nas relações, "mas que ao mesmo tempo organiza uma festa memorável de aniversário com caraoquê".

Cast Chair, Tom Dixon Shop, 2011

A amizade os levou a trabalhar juntos por ocasião da terceira Tabula Rara, um evento entre o salão e o café literário que engloba conversas, projetos e discussões de diversos designers. Dixon foi convidado a ambientar, como emblema de sua poética pessoal, o próprio local onde ocorreria sua mesa de discussão. Tom, antes de mais nada, pediu que se pintasse de preto a sala. A partir de então o espaço, até hoje inteiramente preto, é chamado de Sala Tom Dixon em sua homenagem, deixando assim um traço indelével de sua passagem. "Seus projetos são fascinantes, todos muito funcionais, adaptados ao mercado e de altíssima qualidade, sobretudo as luminárias, e neste campo é o melhor." Sua relação com a indústria é fundamental "também quando interpreta os modos mais tradicionais de desenvolvimento da produção, como na Wingback Chair, em que conseguiu fazer do processo uma parte fundamental do projeto", prossegue Rossana Orlandi enquanto observa em seu escritório seu candelabro Spin Table, protótipo original. E quando encontra os primeiros experimentos londrinos em sua incansável e refinadíssima pesquisa de peças e objetos para o seu "Spazio", ela conta que "Tom se esforça para lembrar quando e como o tinha criado - tantas experiências, tantos protótipos para chegar ao certo -" e termina sempre com um "é com certeza meu!".

Em 2011, Dixon foi premiado como Designer of the Year pela prestigiosa revista *Wallpaper* (bíblia indiscutível do International Style), por sua capacidade de interpretar a mudança. A justificativa recordava sua Flash Factory durante o Salone del Mobile de Milão de 2010, no qual os visitantes puderam produzir e adquirir as edições limitadas de dispositivos luminosos obtidos com tecnologia digital, demonstrando a capacidade do projetista de seguir os mercados mundiais na redução do tempo de produção e personalização do produto.

O livro *Industry*, outra fatia significativa de sua produção, demonstrou como ele é um importante comunicador do mundo do design, capaz de desafiar o modo como se vende e se consome, mas sobretudo "o mundo em que se dá origem ao design". Se *The Interior World of Tom Dixon* tinha revelado o universo de referências e sugestões de uma poética pessoal heterogênea, individuando no materialismo, construtivismo, expressionismo, primitivismo, reducionismo e futurismo as famílias de uma possível ordem projetual, tudo isso parece ter sido superado por uma produção de objetos mais forte e significativa do que essa "performance editorial". O mundo de Tom Dixon parece assim obter consenso mais em sua prolífica produção de objetos, eventos, *happenings*, *showcases*, festas e instalações do que em todo o resto. Não por falta de valor ou de consistência, mas porque sua natureza parece ligar-se com mais facilidade aos novos modos de uma sociedade mediatizada e globalizada que no mercado e na rede encontra feedbacks mais eficazes e imediatos.

Peg Coat Stand, Tom Dixon Shop, 2010

p. 113
Peças da série Fluoro Offcut, Tom Dixon Shop, 2009

p. 114-115
Ambientação Etch Light, Tom Dixon Shop, 2011

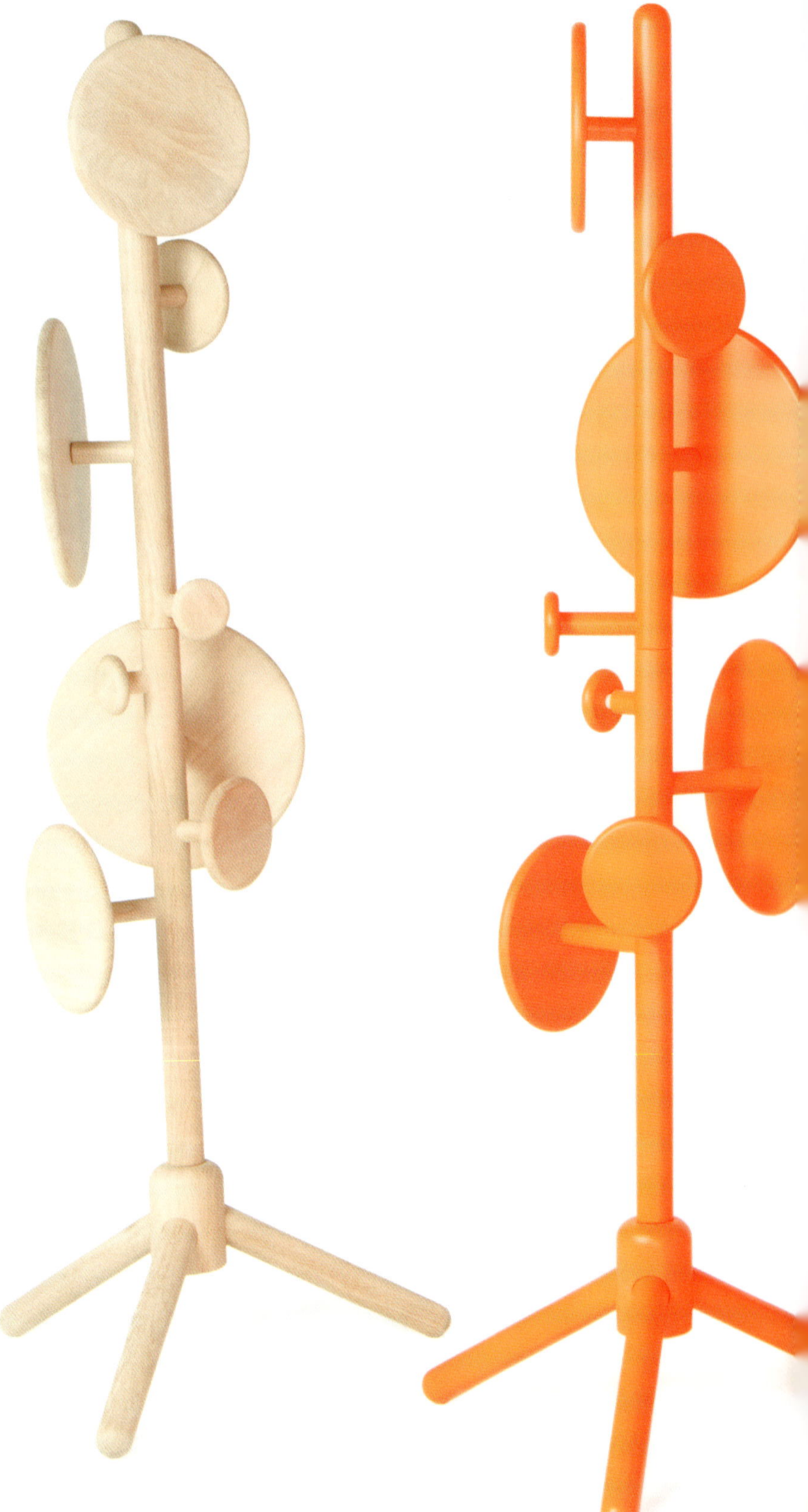

Beat Lights,
Tom Dixon Shop, 2011

Bibliografia e créditos

Bibliografia

DIXON, T. *Rethink*. Londres: Conran Octopus Limited, 2000.
DIXON, T. *The Interior World of Tom Dixon*. Londres: Conran Octopus Limited, 2008.
DIXON, T. *Industry*. Londres: Design Research Publishing, 2010.

Artigos

DIXON, T. *Tom Dixon Magazine*, 2010.
MOROZZI, C. Il Riduzionismo Espressivo di Tom Dixon. *The Plan*, v. 12, dez. 2005.
MOROZZI, C. Tom Dixon: Progetti per il Mondo Reale. *Interni*, v. 586, nov. 2008.

Site

www.tomdixon.net

Créditos das imagens

Para todas as imagens relativas à obra de Tom Dixon, quando não especificado:
© Tom Dixon. Ltd, Londres, à exceção de:

© Janette Beckman/Getty Images: 31
Cortesia de Cappellini, Meda: 48-49, 50, 51, 52, 53, 94
Cortesia de Mitterrand + Cramer Gallery, Genebra: 74-77
Cortesia de The Rug Company, Londres: 82-85
© Jim Dyson/Getty Images: 30
Foto Morley von Sternberg/Tom Dixon Studio: 36
Foto Nina Morris/Tom Dixon Studio: 34, 37, 38-39
© Nick Harvey/Wireimage/Getty Images: 93
© Peter Macdiarmid/Getty Images: 42-43
© Stuart Wilson/Getty Images: 26-27

Sobre os autores deste volume

DAVIDE FABIO COLACI nasceu em 1978 em Milão, onde mora e trabalha como arquiteto. Ocupa-se de cenografia, exposições e projetos de interiores no Politecnico de Milão, do qual obteve um doutorado de pesquisa com Andrea Branzi *(vol. 19 desta Coleção)* sobre a relação entre metrópoles e cultura do projeto de interiores. Escreve e pesquisa sobre o tema do design de interiores e ambientação.

ANGELA RUI, designer nascida em Pordenone em 1980, obteve o doutorado de pesquisa em arquitetura de interiores e ambientação na Scuola di Architettura e Società do Politecnico de Milão. Atua com Andrea Branzi e Michele De Lucchi *(vol. 16)* nas atividades didáticas da Faculdade de Design. Desenvolve atividade crítica independente colaborando com diversas revistas do ramo e dedicando atenção em particular à pesquisa sobre a contracultura do projeto contemporâneo. Vive e trabalha em Milão.

Títulos da Coleção Folha Grandes Designers

1 Philippe Starck
2 Enzo Mari
3 Fernando e Humberto Campana
4 Eero Saarinen
5 Vico Magistretti
6 Achille e Pier Giacomo Castiglioni
7 Antonio Citterio
8 Jasper Morrison
9 Alvar Aalto
10 Ron Arad
11 Gio Ponti
12 Tom Dixon
13 Angelo Mangiarotti
14 Stefano Giovannoni
15 Ettore Sottsass
16 Michele De Lucchi
17 Alessandro Mendini
18 Konstantin Grcic
19 Andrea Branzi
20 Gae Aulenti